과학 기술은 계속 발전하고 있습니다.
지금 우리 생활과 떼어 내어 생각할 수 없는 컴퓨터도
20년 전 사람들은 누리지 못했던 것입니다.
기술의 발전은 더욱 가속화되기 때문에 20년 뒤 미래에는,
더 편리하고 놀라운 기술이 등장할 것입니다.
과학 기술은 사람의 편리와 필요를 위해 발전하지만
그 이면에는 부작용도 있고, 사람들에게 해가 되는 면도 있습니다.
첨단 기술 종류와 양면성을 알아보고, 인간과 지구 공동체를
이롭게 하는 발전 방향을 고민해 봅시다.

자연 지리 감수_ 송언근

경북대학교 학부와 대학원에서 자연지리와 지리교육을 전공하고 박사 학위를 받았습니다. 뉴질랜드 크라이스트처치 교육대학 연구 교수로 활동하였으며, 지금은 대구교육대학교 사회교육과 교수로 있습니다. 쓴 책과 옮긴 책으로는 〈지리로 읽는 대구 이야기〉, 〈교육 연구의 질적 접근〉, 〈교육적 질문하기〉, 〈초등지리 교육론(공역)〉 등이 있습니다. 논문으로는 〈그림지도에서 수준별 교수·학습과 수행평가의 관계 구성〉, 〈지리교육에서 지형교육의 의미와 방향〉 등이 있습니다.

인문 지리 감수_ 서태열

서울대학교 학부와 대학원에서 지리교육을 전공하고 교육학 박사 학위를 받았습니다. 미국 텍사스주립대학에서 방문 교수로 활동하였으며, 지금은 고려대학교 지리교육과 교수로 있습니다. 제7차 사회과 교육과정 개정위원 및 초등 사회 교과서 집필위원, 한국교육과정평가원 자문위원 등을 지냈으며, 지금은 교육인적자원부 사회과 교육과정 심의위원, 한국사회과교육연구학회 부회장, 한국지리환경교육학회 부회장, 고려대학교 교과교육연구소장을 맡고 있습니다. 쓴 책과 옮긴 책으로는 〈지리교육학의 이해〉, 〈위성에서 보는 한국 아틀라스〉, 〈세계화 시대의 세계지리 읽기〉, 〈초등지리 교육론(공역)〉 등이 있습니다.

지구촌 감수_ 옥한석

서울대학교 학부와 대학원에서 지리학을 전공하고 박사 학위를 받았습니다. 한국사진지리학회장, 교육자료개발원장, 미국 워싱턴대학 방문 교수로 활동하였습니다. 지금은 한국지역지리학회 부회장 및 강원대학교 지리교육과 교수로 있습니다. 쓴 책으로는 〈세계화 시대의 세계지리 읽기〉 등이 있으며, 논문 〈생활 중심 교수 학습·모형의 설계와 적용〉과 〈학생의 일상적 개념을 활용한 지리 학습 동기 유발 방안 연구〉는 교육 현장의 주요 연구 사례로 평가받고 있습니다.

생활 문화 감수_ 남경희

일본 쓰쿠바 대학원에서 사회교육학을 전공하고, 교육학 박사 학위를 받았습니다. 제7차 초등 사회 교과서를 집필한 바 있으며, 한국사회과교육연구학회 회장, 서울교육대학교 발전기획단장 등으로 활동하였으며, 지금은 서울교육대학교 사회교육과 교수로 있습니다. 쓴 책으로는 〈사회과 교수·학습론〉, 〈현대 사회과 교육〉, 〈붕어빵 학교 753교실〉 등이 있습니다.

사회 생활 감수_ 서이종

서울대학교 학부와 대학원에서 사회학을 전공하고, 독일 베를린자유대학에서 박사 학위를 받았습니다. 서울대학교 중앙전산원 부원장으로 활동하였으며, 지금은 서울대 정보사회포럼을 맡고 있고, u클린 운동 추진위원장으로도 활동하고 있으며, 서울대학교 사회학과 교수로 있습니다. 쓴 책으로는 〈과학 사회 논쟁과 한국 사회〉, 〈한국 사회의 위험과 안전〉, 〈인터넷 커뮤니티와 한국 사회〉, 〈한국 벤처기업가 벤처기업가 정신〉, 〈사이버 시대의 사회 변동〉, 〈지식정보사회의 이론과 실제〉 등이 있습니다.

민주 정치 감수_ 장훈

서울대학교 학부와 대학원에서 정치학을 전공하고, 미국 노스웨스턴대학교에서 박사 학위를 받았습니다. 한림대학교 정치외교학과 교수, 한국정치학회 상임이사로 활동하였으며, 지금은 중앙대학교 정치외교학과 교수로 있습니다. 쓴 책으로는 〈경제를 살리는 민주주의〉, 〈한국의 자유민주주의〉 등이 있습니다.

글_ 임정은

서울대학교에서 독어교육을 공부하고 같은 학교 대학원에서 석사 학위를 받았습니다. 지금은 출판 프리랜서 그룹 '큐리어스'에서 번역, 편집, 기획을 하고 있습니다. 옮긴 책으로는 〈청어 열 마리〉, 〈처음에는 아무것도 없었어〉, 〈마들렌카의 개〉, 〈아이를 사랑하는 데도 원칙이 필요하다〉 등이 있습니다.

그림_ 황요섭

경희대학교와 같은 대학교 대학원에서 그림을 공부했습니다. 여러 전시회에 참가했고, 지금은 대학에서 강의하며 사보와 잡지에 들어갈 그림도 그리고 있습니다. 그림과 아이들을 좋아해 재미있는 그림을 그리려고 노력하고 있습니다. 그린 책으로는 〈판소리 교육의 아버지, 신재효〉 등이 있습니다.

똑똑한 사회탐구 ❹❸ 사회 생활 | 첨단 기술

펴낸이 박희철 | 펴낸곳 한국헤밍웨이 | 출판등록 제406-2013-000056호 | 주소 경기도 성남시 분당구 금곡동 444-148 | 대표전화 031-715-7722 | 팩스 031-786-1100
기획·편집 오영호 이미경 황인옥 김경란 | 아트디렉터 유정미 | 디자인 박희경 이혜희 박민경 | 사진진행 시몽포토에이전시
사진출처 35 프랑크푸르트 국제 도서전_연합포토 | 35 인간 유전자를 지닌 복제 양_연합포토 | 35 나노 기술과 반도체_조선일보 | 36 경주대 문화 콘텐츠 산업 센터_조선일보
36 환경 기술 박람회_연합포토 | 36 항공 우주 연구원 관제실_조선일보 | 37 인간 복제 금지 시위_연합포토 | 37 인간 복제 촉구 시위_연합포토
37 개인 정보 보호 기본법 쟁점 토론_연합포토

미래 속으로, 슈웅!

글 임정은 | 그림 황요섭

한국헤밍웨이

"으악, 내일 사회 숙제 깜박 잊고 있었다."
준이는 막 자려다가 벌떡 일어났어요. 첨단 기술에 대한
보고서 숙제를 까맣게 잊고 있었던 거예요.
"큰일났다, 로보! 나 좀 도와 줘."
준이는 가사 도우미 로봇 로보를 다급하게 불렀어요.
"준이야, 숙제는 스스로 하는 거라고. 어린이의 숙제를 대신하는 건
나한테 금지되어 있어."
"로보, 숙제를 해 달라는 게 아니야. 자료 조사를 도와 달라는 거지.
첨단 기술과 관련된 자료들을 찾아 줘. 그건 해도 되는 거지?"
"그렇다면 이야기가 다르지."

로봇의 발달

본격적인 로봇 시대는 1960년대 산업용 로봇이 만들어지면서 시작되었습니다. 1980년대부터는 반도체 기술 등의 발달로 고도의 기능을 가진 로봇이 실용화되었습니다. 이후 1990년대에 들어서면서 인간 감성을 충족시켜 주는 애완 로봇과 교육·오락 기능을 갖춘 로봇뿐만 아니라 가사 도우미 로봇, 인명 구조 로봇, 수술 로봇 등 다양한 로봇이 개발되었습니다. 우리 나라는 2006년 가사 로봇 시험 서비스를 시작으로 현재 집 안을 청소해 주는 로봇이 판매되고 있어요.

로보는 전세계 도서관과 인터넷 사이트에 접속해서
자료를 산더미처럼 찾아 주었어요.
준이는 졸린 눈을 비비면서 자료를 읽기 시작했어요.
"준이야, 주스 한 잔 마시면서 해."
"고마워, 로보! 근데 너무 어려워. 도무지 무슨 말인지 모르겠어."
"히히. 첨단 기술에 관한 자료들은 전문 용어가 많은 데다가
외국어로 된 것이 많아서 좀 어려울 거야."
"그럼 좀 이해하기 쉬운 말로 풀어 줘."
"그 정도쯤이야……"

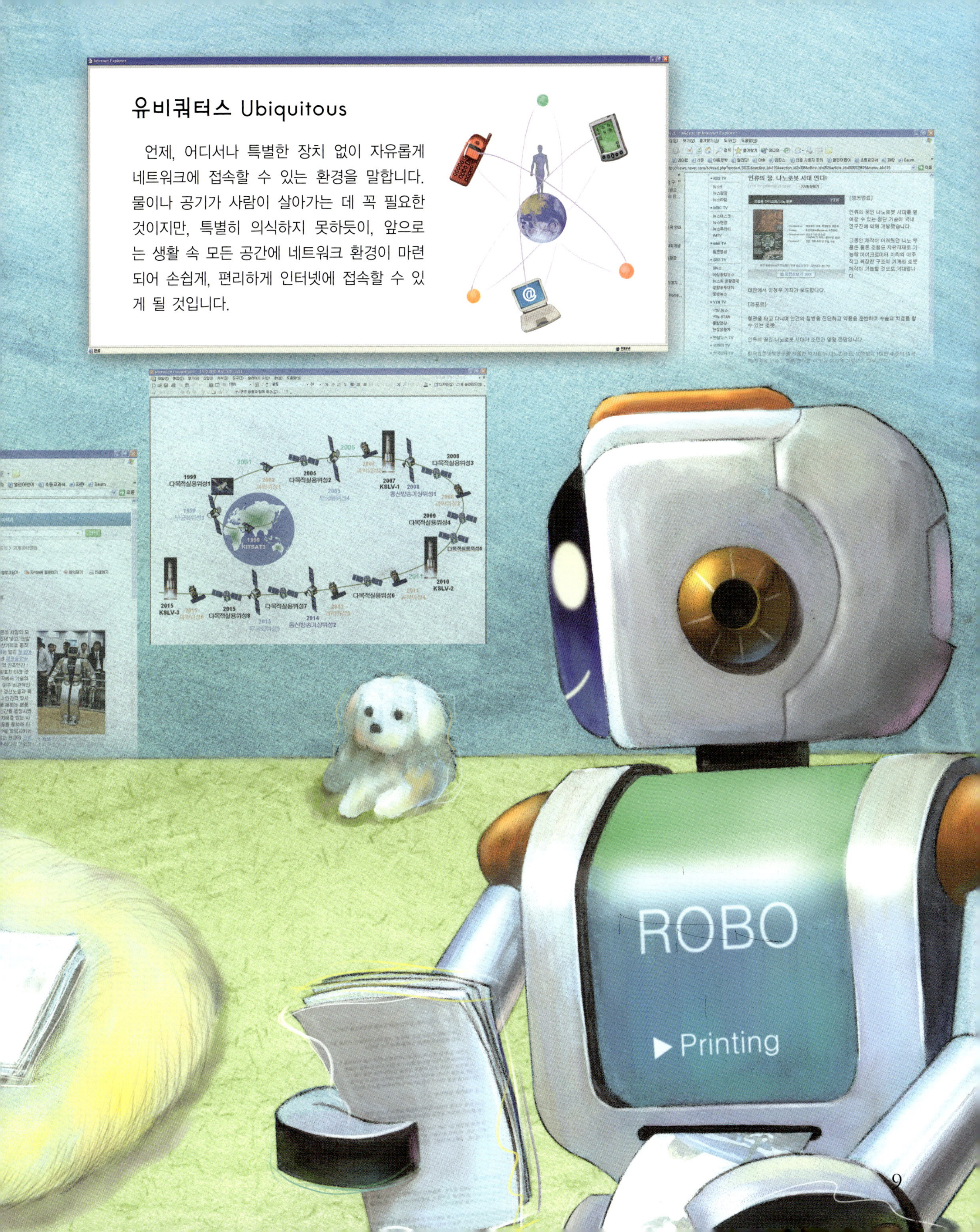

유비쿼터스 Ubiquitous

언제, 어디서나 특별한 장치 없이 자유롭게 네트워크에 접속할 수 있는 환경을 말합니다. 물이나 공기가 사람이 살아가는 데 꼭 필요한 것이지만, 특별히 의식하지 못하듯이, 앞으로는 생활 속 모든 공간에 네트워크 환경이 마련되어 손쉽게, 편리하게 인터넷에 접속할 수 있게 될 것입니다.

ROBO

▶ Printing

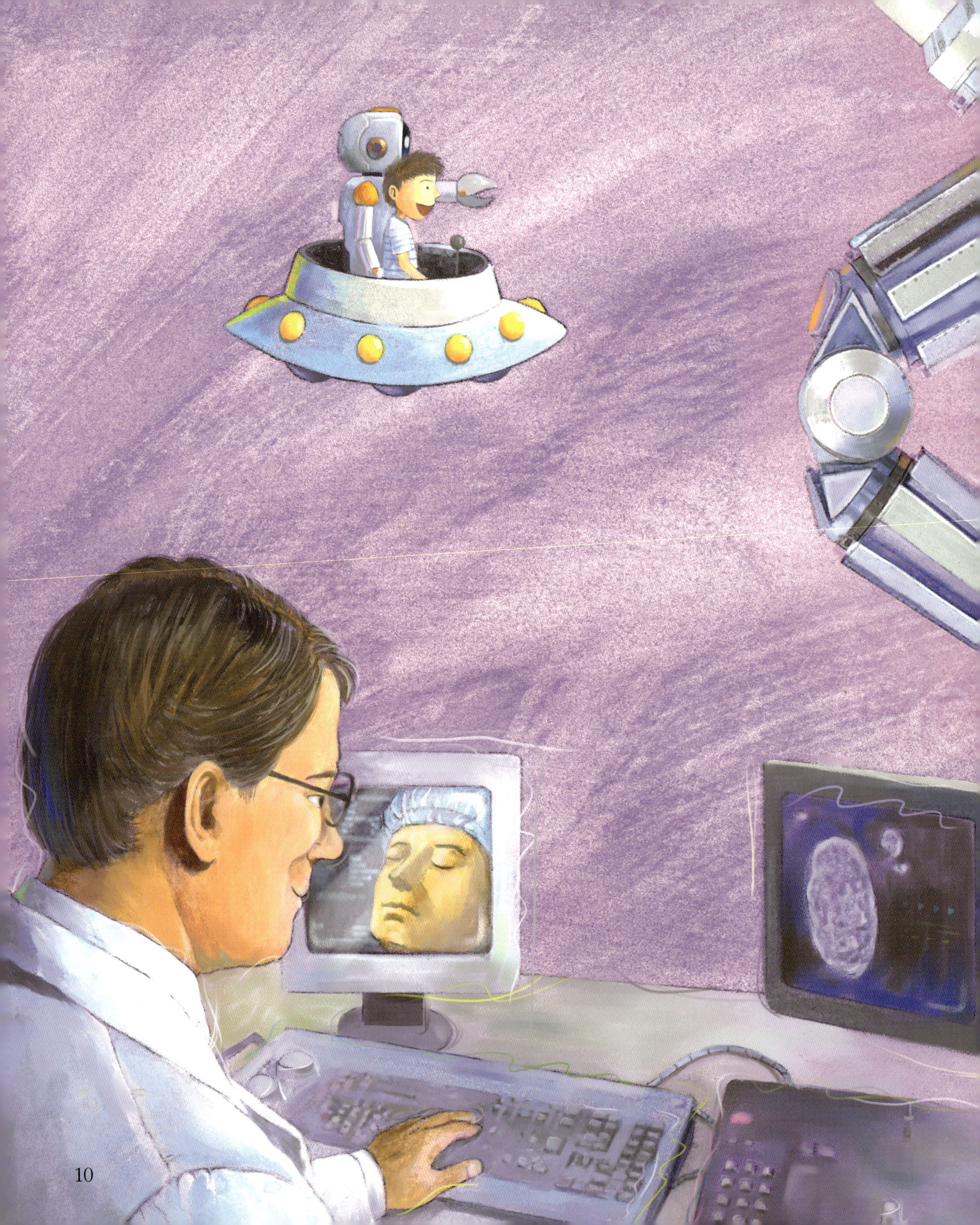

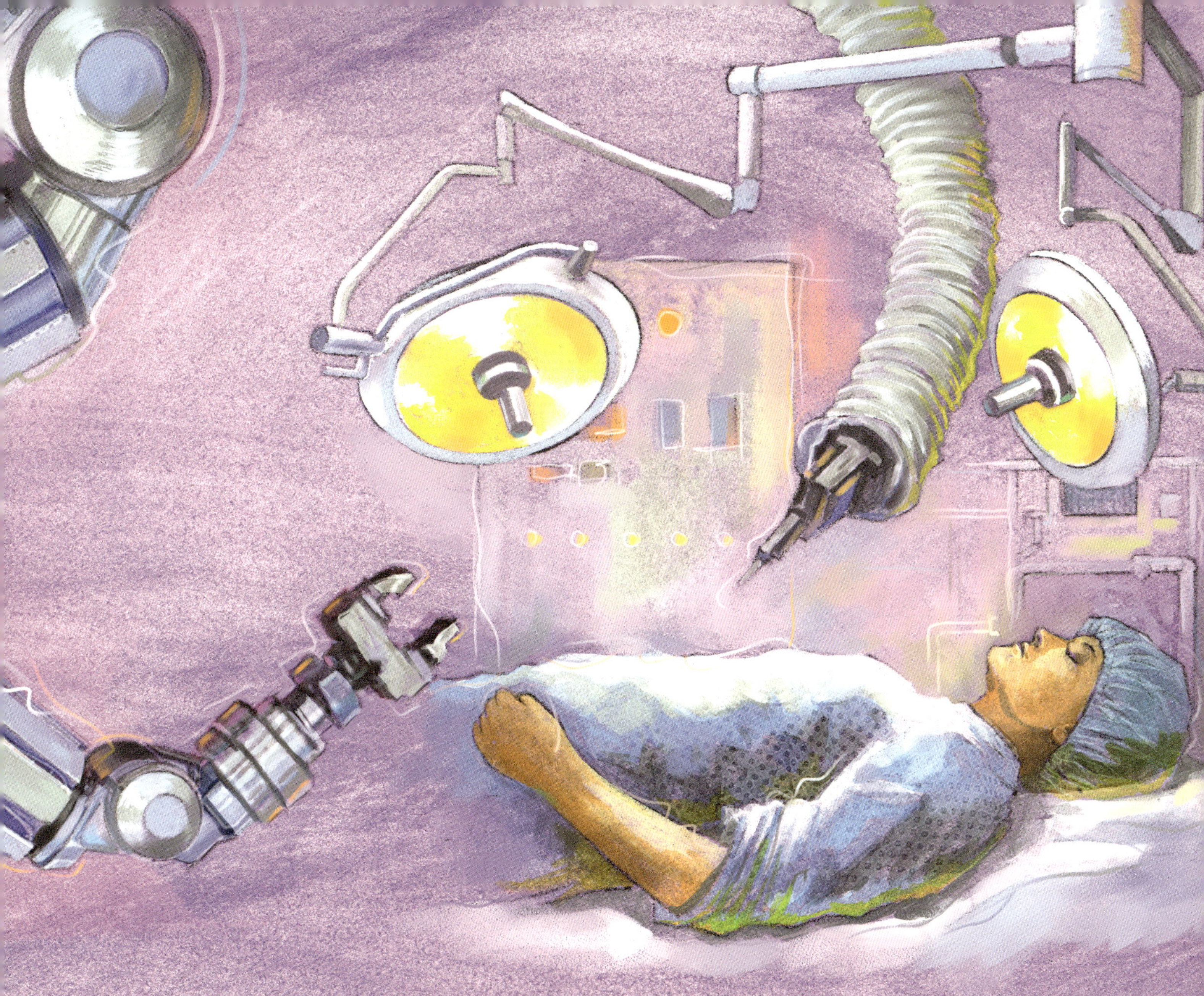

"우선 이거, 재택 의료 서비스라는 건 뭐지?"
"병원에 갈 필요 없이 집에서 의사와 상담을 하고, 진료를 받을 수 있는 거야.
먼 거리에서 로봇을 원격 조종해 수술도 할 수 있게 되는 거지."
"와, 그럼 우리 할아버지도 훨씬 편하시겠다."
준이네 할아버지는 멀리 시골에 살고 계세요. 큰 수술을 받으셔서,
몇 달에 한 번씩 서울의 큰 병원까지 검사를 받으러 오시거든요.
준이는, 이런 기술이 지금 가능하다면 할아버지도, 할아버지를 모시고
가야 하는 아빠, 엄마도 편해지겠다는 생각을 해 보았어요.

“우주 개발은? 우주에도 도시처럼 집도 짓고 할 수 있나?”
“우주 개발! 미래 과학에서 우주와 항공은 빼놓을 수 없지.
2100년 쯤에는 화성에 우주 정거장을 만들 수 있을 거래.”
“그럼 우주로 여행도 갈 수 있다는 거야?”
준이는 우주선을 탈 수 있다는 생각에 들떴어요.
“당장은 아니지만……. 준이 너는 못 가더라도,
적어도 네 손자는 갈 수 있을 거야. 하하!”

“뭐, 내 손자라고? 아유, 징그러워. 아직도 먼 얘기구나?
그런데 우주는 깜깜하기만 할 텐데, 놀러 간다고 뭐가 보이기나 할까?”
“하하, 준이야! 우주 개발은 여행 자체도 중요하지만,
그것말고도 이점이 많아. 우주를 더 잘 알게 되면 우주 자원을
이용할 수도 있고, 지구 환경을 더 낫게 할 수 있거든.”
준이는 넓은 우주에서 마음껏 헤엄치는 상상을 하며
자료를 보았어요.

"로보, 이것도 가르쳐 줘. '극미세 기술'이 뭐야?"
"극미세 기술이란 아주아주 작게 만드는 기술이라는 뜻이야."
"아주아주 작게 만든다고? 뭘 작게 만든다는 거야?
혹시 사람을 개미만큼 줄이는 마법 같은 거야?"

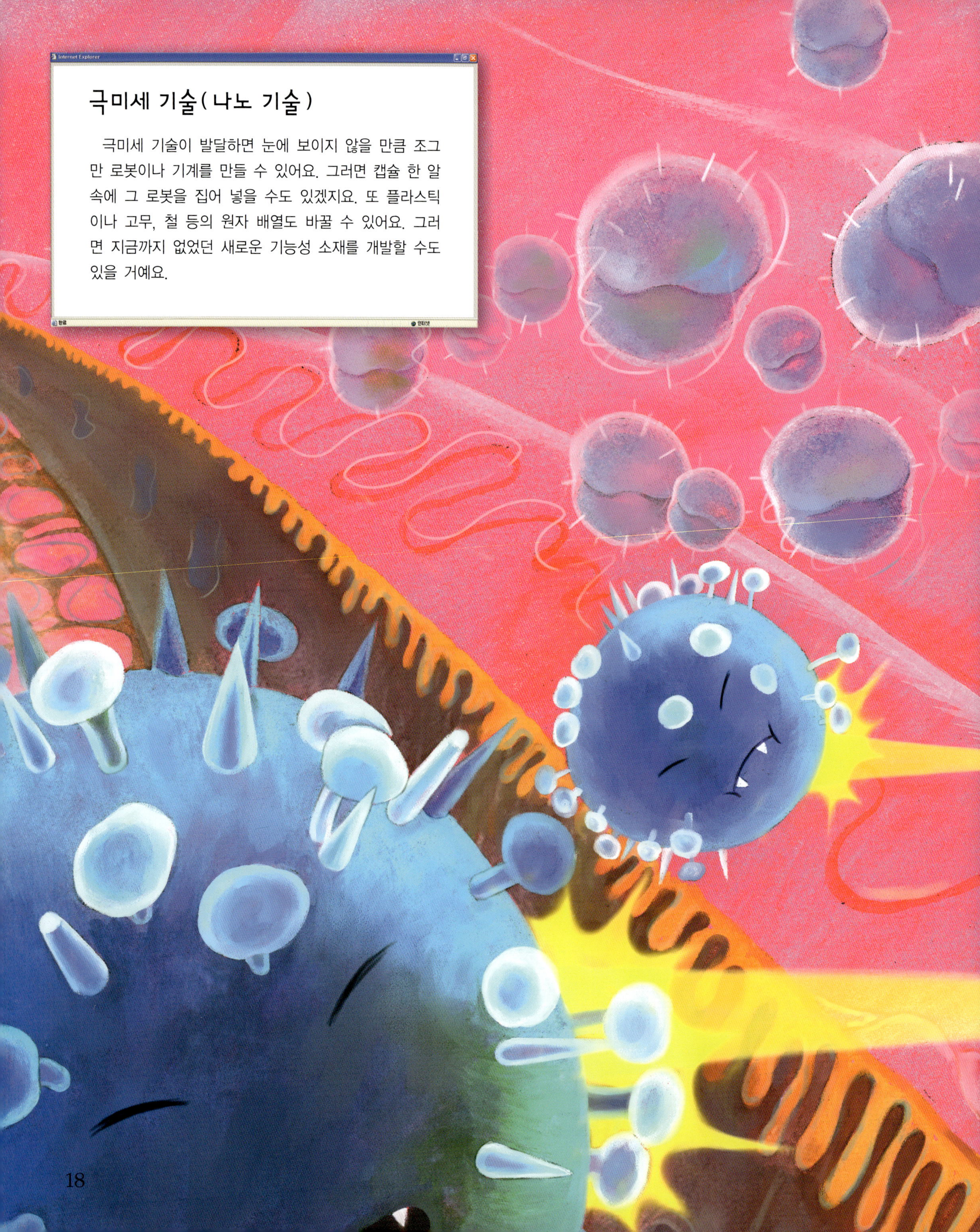

극미세 기술(나노 기술)

　극미세 기술이 발달하면 눈에 보이지 않을 만큼 조그만 로봇이나 기계를 만들 수 있어요. 그러면 캡슐 한 알 속에 그 로봇을 집어 넣을 수도 있겠지요. 또 플라스틱이나 고무, 철 등의 원자 배열도 바꿀 수 있어요. 그러면 지금까지 없었던 새로운 기능성 소재를 개발할 수도 있을 거예요.

18

"킥킥! 준이야, 너의 상상력은 정말 대단해. 아쉽지만 사람을 줄이는 건
아니고, 어떤 소재를 10억 분의 1미터 정도로 작게 만드는 거야. 10억 분의
1미터는 1나노미터라고 해. 그래서 극미세 기술을 '나노 기술' 이라고도 하지."
"10억 분의 1미터면 얼마나 작은 거야?"
"준이 네 머리카락 굵기의 10만 분의 1이지. 극미세 기술이 발전한다면
정말 놀라운 일이 벌어질걸? 손톱만 한 컴퓨터도 만들 수 있어.
또, 캡슐 한 개 속에 암을 진단하고, 수술도 할 수 있는 수술 로봇을
집어 넣을 수도 있지. 그럼 지금처럼 수술을 하지 않고 캡슐만 꿀꺽 삼키면 돼."

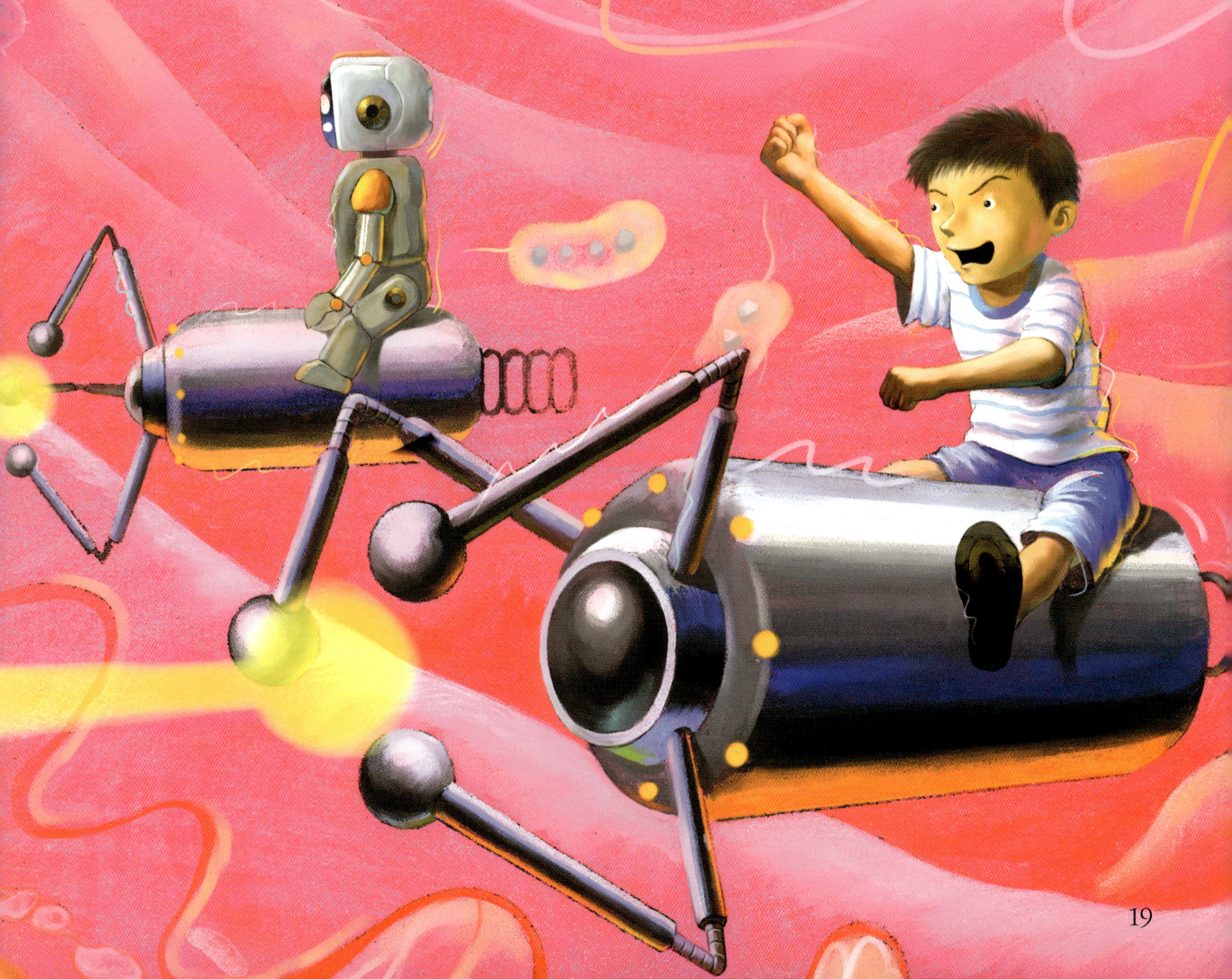

"정말 이 놀라운 일들이 미래에 벌어진다는 거야? 왠지 믿어지지가 않아."
이 기술들이 다 현실이 되면, 사람들은 마법 같은 세상에서 살게
되는 걸까요? 뭐든지 가능한 세상이 되는 걸까요?
"준이야, 네가 무슨 생각하는지 알 것 같아. 100년 전, 아니 겨우
50년 전만 생각해도 지금의 기술 발전은 상상도 못 했을 거야. 준이 네가
아무렇지도 않게 쓰는 컴퓨터나 아빠 자동차에 달린 지피에스(GPS) 장치
같은 것도 옛날 사람들은 들어 보지도 못했을 거야."
준이는 고개를 끄덕였어요. 역사책이나 박물관에서 본 100년 전 사진 속에는
그 흔한 자동차가 한 대도 보이지 않았거든요.

위성 항법 장치, 지피에스(GPS)

택시나 자가용 운전석 앞에 달려 있는 조그만 모니터를 본 적이 있나요? 이 기계는 "잠시 후 우회전입니다.", "300미터 앞 오른쪽 방향입니다." 하고 길을 알려 주는 네비게이션이에요.

이렇게 길 안내가 가능한 것은 지피에스(GPS : Global Positioning System, 위성 항법 장치) 덕분입니다. 지구 주위를 도는 인공 위성들이 우주에서 자동차의 정확한 위치를 잡아 전파로 보내 줍니다. 지피에스는 원래 군사용으로 개발되었으나 지금은 교통, 통신 분야에서 널리 쓰이고 있어요.

"이런 기술들은 누가 다 만드는 걸까?"
준이는 정말 궁금했어요.
"그건 어떤 한 사람의 노력으로 되는 건 아니야. 물론 한 과학자나
연구자가 힘들게 개발한 기술이 디딤돌이 되어서 기술이 폭발적으로
빠르게 발전하는 경우도 있었지만 말이야."
"아하, 여러 사람들의 노력이 쌓여서 지금의 과학 기술이 만들어진 거구나."
"그래, 맞아. 기술은 끝이 있는 것이 아니야. 모자란 것은 채우고,
부작용이 있으면 고치면서 계속 발전해 가는 거지."

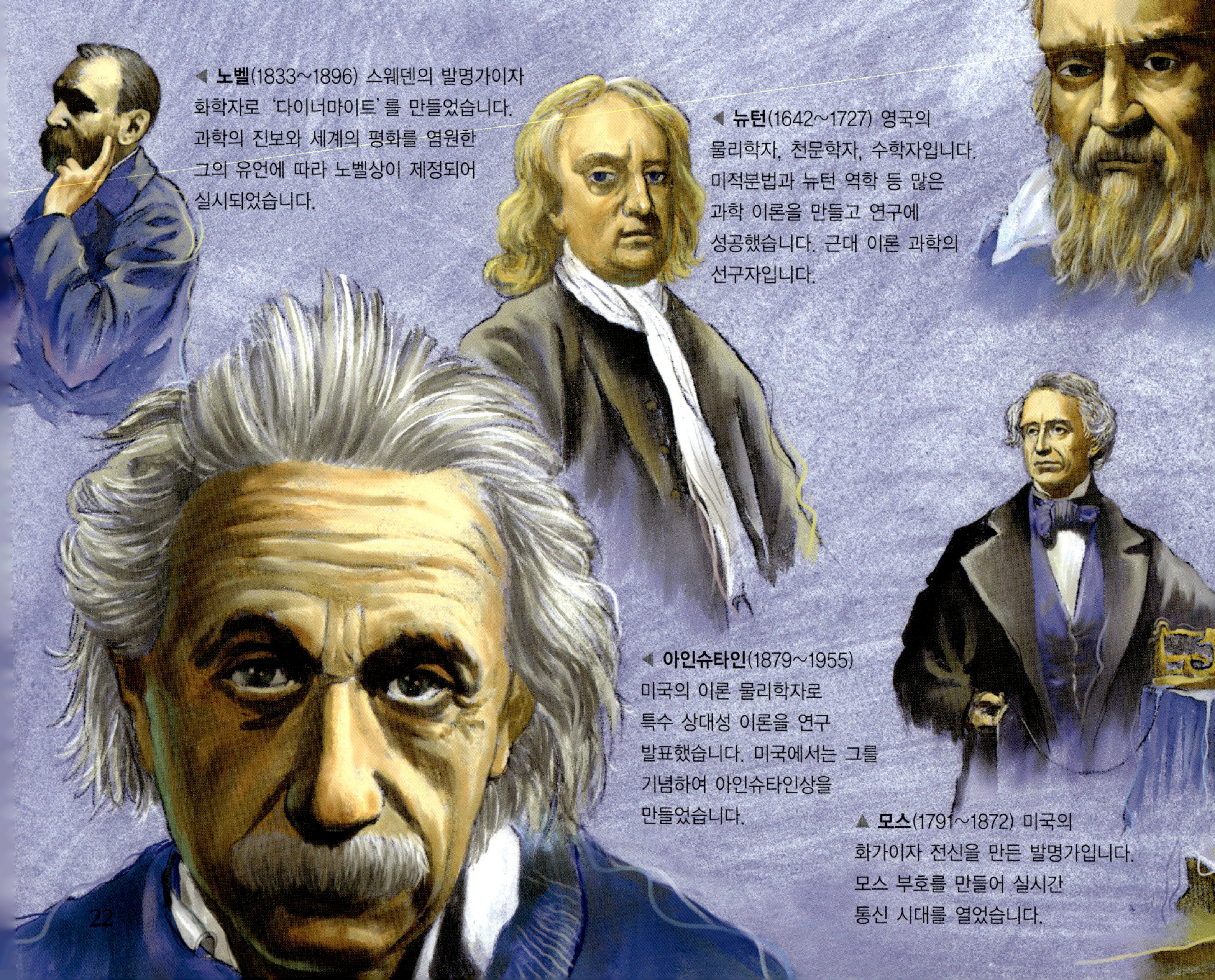

◀ **노벨**(1833~1896) 스웨덴의 발명가이자 화학자로 '다이너마이트'를 만들었습니다. 과학의 진보와 세계의 평화를 염원한 그의 유언에 따라 노벨상이 제정되어 실시되었습니다.

◀ **뉴턴**(1642~1727) 영국의 물리학자, 천문학자, 수학자입니다. 미적분법과 뉴턴 역학 등 많은 과학 이론을 만들고 연구에 성공했습니다. 근대 이론 과학의 선구자입니다.

◀ **아인슈타인**(1879~1955) 미국의 이론 물리학자로 특수 상대성 이론을 연구 발표했습니다. 미국에서는 그를 기념하여 아인슈타인상을 만들었습니다.

▲ **모스**(1791~1872) 미국의 화가이자 전신을 만든 발명가입니다. 모스 부호를 만들어 실시간 통신 시대를 열었습니다.

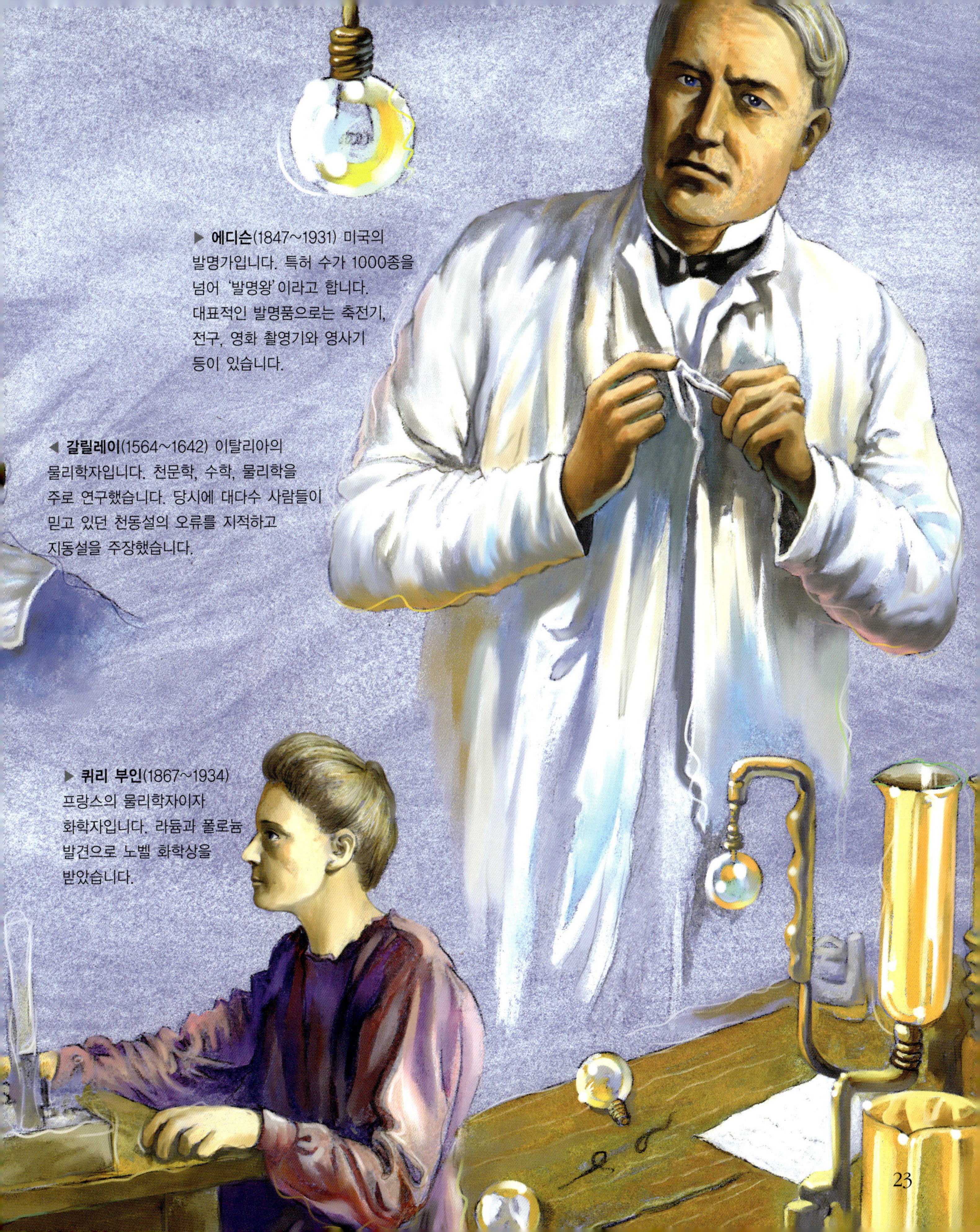

▶ 에디슨(1847~1931) 미국의 발명가입니다. 특허 수가 1000종을 넘어 '발명왕'이라고 합니다. 대표적인 발명품으로는 축전기, 전구, 영화 촬영기와 영사기 등이 있습니다.

◀ 갈릴레이(1564~1642) 이탈리아의 물리학자입니다. 천문학, 수학, 물리학을 주로 연구했습니다. 당시에 대다수 사람들이 믿고 있던 천동설의 오류를 지적하고 지동설을 주장했습니다.

▶ 퀴리 부인(1867~1934) 프랑스의 물리학자이자 화학자입니다. 라듐과 폴로늄 발견으로 노벨 화학상을 받았습니다.

"기술은 사람을 편리하고 이롭게 하려는 것이니까. 그 기술이 자연과 환경을
파괴하고 사람을 해쳐서는 안 되는 거야."
"그렇지만 기술이 사람한테 해가 되는 일도 있을까? 병을 낫게 하고,
편리하게 해 주는데 말이야……."
"모든 것에는 좋은 점과 나쁜 점이 있잖아. 예를 들어, 병에도 잘 걸리지 않고,
해충에도 지지 않는 콩을 유전자 조작으로 만들었다고 쳐. 싱싱하고 맛있는
콩을 먹게 되었지만, 우리 몸이 어떤 반응을 할지는 알 수 없어. 왜냐 하면
사람의 몸은 지금까지 오랫동안 먹어 온 콩은 잘 흡수하고 받아들이지만,
유전자가 조작된 콩에 대해서는 화학적 정보가 없기 때문에 어떤 일이 생길지
모르는 거지. 우리 몸에 해로울 수도 있어."

유전자 조작

　사람이 동식물의 유전자를 인위적으로 조작하는 기술을 말합니다. 특히 옥수수, 콩, 토마토 같은 농작물에 많이 사용되는데, 오랫동안 보관이 가능하고, 병충해에 강한 농작물을 만들려는 경제적인 이유 때문입니다. 그러나 이런 유전자 조작 식품은 인간의 면역력을 떨어뜨리는 등 여러 가지 부작용을 일으킬 수 있습니다. 유전자 조작 식품이 위험한가, 안전한가에 대한 논쟁은 지금도 계속되고 있습니다.

ROBO

"생각해 보니 그렇구나."
준이는 고개를 끄덕이며 들었어요.
"첨단 과학 기술은 양날의 칼과 같은 것이구나."
로보는 한 마디 덧붙였습니다.
"왜 최근에도 뉴스에 많이 나온 '인간 배아 줄기 세포' 만 해도 그렇지.
치료를 위한 것일지라도 우리와 같은 사람으로 태어날 수도 있는
인간 배아를 인위적으로 조작하고 사용하고 버리는 것은
살인과 같다는 주장도 있어. 인위적으로 자신과 똑같은 인간을
만들 수 있다는 인간 복제에 대한 두려움도 있고."
준이는 머리칼을 쥐어뜯으며 말했습니다.
"아, 들을수록 복잡하고 골치가 아프네.
기술 발전이 마냥 좋은 것만은 아니구나."

"준이야, 너무 고민하지는 마. 이건 모든 인간이 다 같이
머리를 맞대고 해결해야 할 숙제야."
로보는 풀이 죽어 있는 준이의 어깨를 두드렸어요.
"아, 숙제라고? 으, 나는 이 사회 숙제를 언제 다 끝낸담?"
"아니, 뭐라고? 나 원 참."

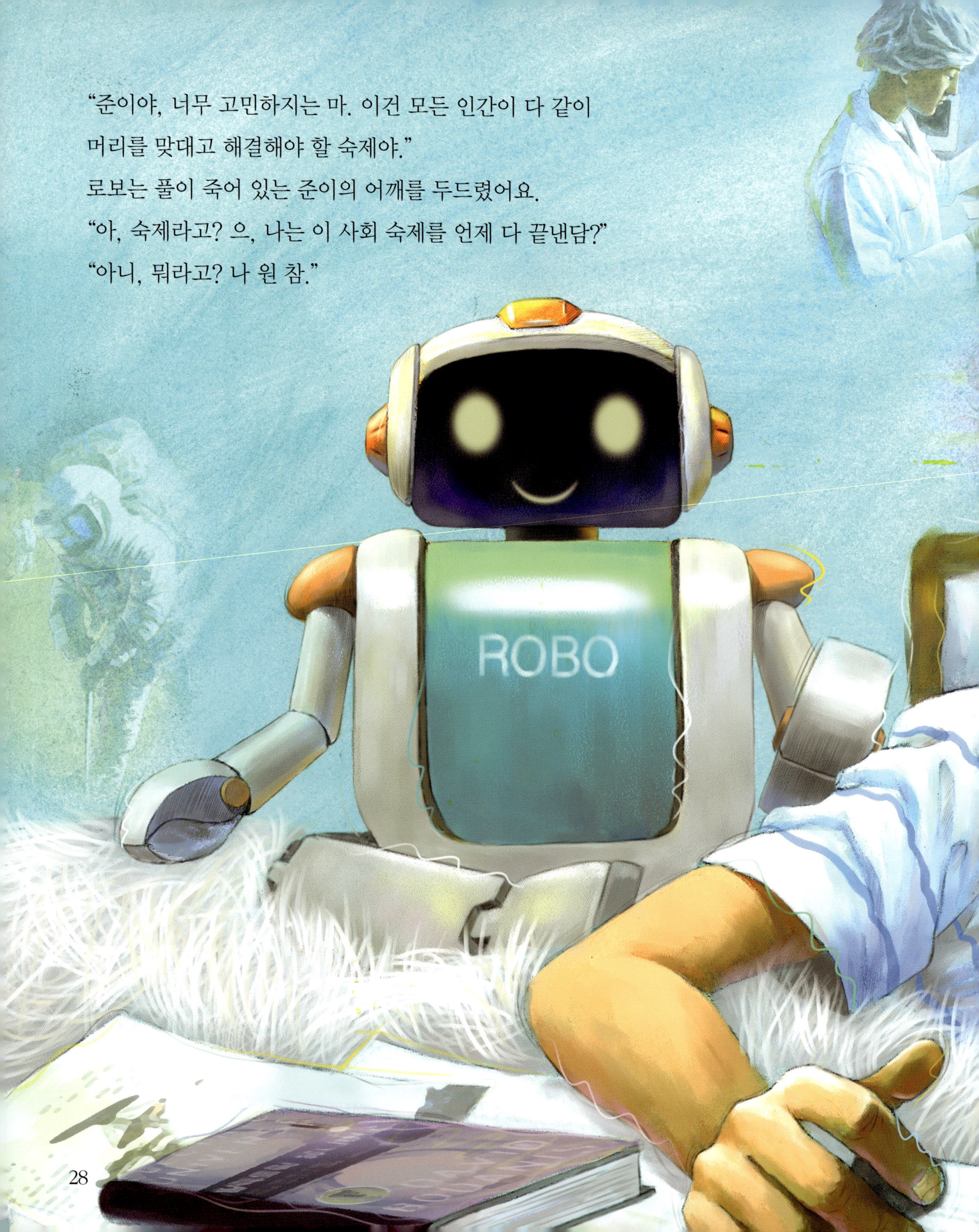

‘첨단 기술 보고서를 다 쓰려면 멀었는데, 자료를 반도 다 못 읽었으니……’
준이는 한숨을 푹 내쉬었어요.
“이렇게 하면 어때? 첨단 기술이 현실이 된 몇십 년 뒤의 미래, 그 중 어느
하루를 생각해 보는 거야. 미래에 어떻게 달라져 있을지를 상상해 봐.”
“상상? 하하, 상상은 이 몸이 전문이지!”
로보의 생각에 힘을 얻은 준이는 컴퓨터 앞에 앉았습니다.
“음, 연도는 언제로 할까? 그래, 2020년 초등 학생 준이의 하루로 하자.
‘준이는 눈을 뜨자 화장실에서 볼일을 본다. 자동 변기는 준이의 오줌과
똥의 성분을 분석해서 그 날의 건강 상태를 체크해 주고…….’”

미래 보고서

   2005년 5월 17일 우리 나라 국가 과학 기술 위원회는 〈과학 기술 예측 조사(2005~2030)〉 보고서를 발표했습니다. 과학 기술 분야의 전문가들이 모여 만든 이 보고서는 첨단 기술로 인해 달라질 미래 모습이 담겨 있습니다. 이 보고서에 따르면 2017년에는 동물이 인간의 장기를 생산하게 되고, 2024년에는 사람이 살 수 있는 우주 도시가 건설된 답니다. 그 밖에도 미래 생활을 예측하는 흥미로운 내용이 많습니다.

31

"하하, 상상이 전문이라고? 내가 보기에는 똥 박사님인데."
"뭐라고, 로보! 자꾸 나를 놀리면 음성 프로그램을 아예 꺼 버릴 테야."
"으, 이럴 수가. 치사하다!"
준이와 로보는 사회 숙제는 뒤로 하고 옥신각신했어요.
준이는 과연 숙제를 다 마칠 수 있을까요?

깊이보기

현대 산업을 이끄는 기술은 하루가 다르게 발달하고 있습니다. 기술이 발달하는 만큼 우리의 생활도 변해 갑니다. 어떤 기술이 우리의 생활을 어떻게 변화시킬까요? 초등 사회 교과에서는 3학년 2학기 '이동과 의사소통'에서 첨단 기술을 다루고 있습니다.

첨단 기술, 미래를 향한 기술

첨단 기술이란, 특정 시대, 특정 부문의 과학 기술 가운데 미래를 이어 갈 선두 기술을 말합니다. 지금처럼 개인용 컴퓨터가 없던 시대에는 건물 한 층을 가득 채우고도 모자랐던 커다란 슈퍼 컴퓨터가 첨단 기술이었습니다. 21세기인 지금, 첨단 기술로 일컬어지는 기술들도 어느 한순간 이루어진 것이 아니라 과거의 발명과 연구가 디딤돌이 되어 한 걸음, 한 걸음 나아가게 된 것입니다.

통신 기술의 발달

통신이란 멀리 떨어진 두 곳에 있는 사람들이 의사 소통하는 것을 말합니다. 먼 옛날에는 봉화대에 불을 붙여 긴급한 일들을 전했습니다. 그것도 아니면 말을 타고 사람이 직접 달려가야만 했습니다. 전신이 발명되고 나서는 모스 부호를 이용해 실시간에 가깝게 의사 소통을 할 수 있었습니다.

▲ **봉화** 봉화에 불을 붙여 긴급한 일을 전했습니다.

▲ **파발** 말을 타고 가 소식을 전했습니다.

▶ **모스 부호** 전신이 생기고 모스 부호를 이용하게 되면서 보다 빠르게 소식을 전했습니다.

▲ **전화** 전화의 발명으로 먼 곳에 있는 사람과도 실시간으로 의사 소통이 가능해졌습니다.

▶ **휴대 전화** 지금은 지구 반대편에 있는 사람과도 실시간 의사 소통이 가능합니다.

하지만 전화기가 만들어진 다음에야 비로소 먼 곳의 사람과도 직접 의사 소통을 할 수 있는 시대가 열렸습니다. 사람마다 한 대씩, 그것도 들고 다닐 수 있는 휴대 전화가 보급된 것도 사실 그리 오래 된 일이 아닙니다. 아직 상용화되지는 않았지만 목소리뿐 아니라 상대방의 얼굴도 보여 주는 화상 전화도 개발되었습니다. 이처럼 기술은 미래를 향해 조금씩 발전하고 있습니다.

주요 첨단 기술, 6T

2001년 8월 우리 나라는 '국가 핵심 기술 6T'를 발표했습니다. 6T란 '여섯 가지 테크놀로지'의 줄임말로, 미래 산업을 이끌 첨단 기술 분야를 말합니다. 6T에는 IT(정보 기술), BT(생명 공학 기술), NT(나노 기술), CT(문화 산업 기술), ET(환경 기술), ST(우주 항공 기술)가 포함돼 있습니다.

IT, 정보 기술

Information Technology의 약자인 IT는 정보를 생성, 도출, 가공, 전송, 저장 하는 모든 유통 과정에서 필요한 기술을 말합니다. 지금 우리 나라의 IT 수준은 국가 연구 개발 사업을 통한 첨단 분야에서 세계 최고의 국제 경쟁력을 갖추고 있습니다. IT는 21세기 정보화 사회에 필수적인 기술일 뿐 아니라, 기술의 부가 가치 및 사회·경제적 파급 효과가 매우 커서 산업적으로 매우 중요한 분야입니다.

앞으로 10년 간 신기술로서 세계 시장을 주도할 것으로 전망되고 있습니다. 이에 따라 경쟁력 유지와 원천 기술 확보를 통한 정보 기술의 자립을 위한 노력이 필요합니다.

BT, 생명 공학 기술

Bio-Technology의 약자인 BT는 생명 현상을 일으키는 생체나 생체 유래 물질 또는 생물학적 시스템을 이용하여 산업적으로 유용한 제품을 제조하거나 공정을 개선하기 위한 기술입니다. 현대 사회가 급속도로 발전하면서 BT는 무병 장수와 식량 문제 해결 등 삶의 질 향상에 필수적인 기술입니다.

유전자를 이용한 '맞춤 치료' 기술을 이용하면 인간의 수명도 연장될 수 있습니다. 동물이 인간에게 필요한 장기를 생산하게 만들거나 유전자를 선택적으로 조작해서 '맞춤형 아기'를 임신하는 것이 가능한 날이 올 수도 있습니다. 그러나 이 기술은 배아 복제라든가 유전자 조작 기술에 대한 윤리적인 문제와 얽혀 있는 '뜨거운 감자'입니다. 따라서 윤리적, 철학적인 쟁점을 놓고 사회 공동체가 충분히 토론하고 합의를 거쳐야 합니다. 또한 유전자 조작 기술을 동식물에 적용할 경우 어떤 환경 피해가 있을지, 인간에게는 어떤 영향이 있을지 알지 못하기 때문에 기술력을 가진다고 해도 더더욱 조심스럽게 사용해야 합니다.

NT, 나노 기술

Nano-Technology의 약자인 NT는 물질을 원자·분자 크기의 수준에서 조작·분석하고 제어할 수 있는 기술을 말합니다. 쉽게 말해서 나노 기술은 어떤 소재를

▲ **프랑크푸르트 국제 도서전** 세계 최대 규모의 도서전입니다. 우리 나라는 2005년 전시회의 주빈국으로 선정되었습니다. 한국의 주빈국관에서 관람객들이 e-korea를 상징하는 PDA 등을 이용한 유비쿼터스 북을 살펴보고 있습니다.

▲ **인간 유전자를 지닌 복제 양** 세계 최초의 인간 유전자를 지닌 복제 양 폴리가 탄생했습니다. 폴리는 사람의 혈액 응고 인자의 유전자를 지니고 있습니다. 체세포 복제 기술을 활용하면 유전자 이식 동물의 제조 성공률이 종래 방법에 비해 20배 이상 높아집니다. 이것은 의약품 또는 이식용 장기를 동물의 몸을 이용하기 위해 유전자 변환 동물을 제조하는 공장을 만들 수 있는 가능성을 보여 주는 것입니다.

▲ **나노 기술과 반도체** KAIST 바이오 시스템학과 나노 팹 연구실에서 학생들이 나노 기술을 활용해 만든 반도체 소자를 검증하고 있습니다. 나노 기술은 반도체 개발의 핵심 기술입니다.

▲ **경주대 문화 콘텐츠 산업 센터** 경주대 문화 콘텐츠 산업 센터에서는 불국사, 안압지 등 관광지를 가상 현실 공간에 재현하는 프로젝트를 수행하고 있습니다.

▲ **환경 기술 박람회** 한국 종합 전시장에서 있었던 환경 기술 박람회에서는 분뇨 처리장이나 생활 하수 처리장에 사용될 탈취기 등 여러 가지 환경 기술 관련 제품들이 전시되었습니다. 이러한 환경 기술의 발달은 오염된 지구를 되살리고, 나아가 지구의 오염을 줄이는 결과를 나타낼 것입니다. 공해가 없는 에너지인 태양열 에너지나 수소 에너지의 활용 기술도 환경 기술에 포함됩니다.

▲ **항공 우주 연구원 관제실** 2006년 인공 위성 아리랑 2호를 우주에 띄운 뒤, 항공 우주 연구원 내 위성 종합 관제실에서 연구원들이 아리랑 2호와 다음 교신을 준비하고 있습니다. 아리랑 2호는 우리 나라 아홉 번째 위성으로 685킬로미터 상공에서 지구 위의 1제곱미터까지 식별할 수 있습니다.

10억 분의 1미터 크기로 작게 만들어 다루는 기술입니다. 전자 공학, 컴퓨터 기술, 의료, 항공 등 거의 모든 분야에 적용되어 상상 이상의 효과를 가져올 수 있는 미래 첨단 기술의 꽃이라고도 할 수 있습니다.

NT는 과학 기술의 새로운 영역을 창출하거나 기존 제품의 고성능화에 필요한 기술로, IT와 BT와 함께 21세기의 새로운 산업 혁명을 주도할 핵심 기술로 인정받고 있습니다. 이 기술에서 파급되는 경제 효과 또한 어마어마하기에, 전세계 국가들이 나노 기술 분야에 경쟁적으로 지원하고, 투자를 하고 있는 실정입니다.

CT, 문화 산업 기술

Culture Technology의 약자인 CT는 디지털 미디어를 기반으로 첨단 문화 예술 산업을 발전시키기 위한 기술을 말합니다. 좁은 의미로는 문화 산업을 발전시키는 데 필요한 기술을 말하며, 좀 더 넓게는 문화 산업과 관련한 기술뿐만 아니라 인문 사회학, 디자인, 예술 분야의 지식과 노하우를 포함하는 복합적인 기술을 통칭합니다. 쉽게 말하면 문화 산업 기술이란 문화(culture)와 기술(technology)이 만나 새롭게 형성된 기술 분야라고 생각하면 됩니다.

문화 콘텐츠의 핵심은 시나리오를 만들어 내는 '창의력'과 '상상력'일 것입니다. 그러나 디지털 시대가 되면서 기술력 없이는 우수한 문화 콘텐츠가 만들어지기가 더 이상 불가능해졌다 해도 과언이 아닙니다. 문화 콘텐츠 산업을 두고 경쟁하고 있는 각 국가들 사이에 '기술력'이 중요한 변수로 등장했습니다.

ET, 환경 기술

Environment Technology의 약자인 ET는 환경 오염을 줄이고, 예방하고, 복원하는 기술로, 환경 기술, 청정 기술, 에너지 기술 및 해양 환경 기술을 포함합니다. 과학 문명이 고도로 발전하고 있는 현대 사회에서 쾌적한 삶에 대한 욕구가 증가하고 있습니다.

대기 오염 물질의 이동 경로를 미리 예측하고 실시간으로 감지할 수 있는 모니터링 기술이 개발되면 황사 피해를 조금이라도 줄일 수 있게 될 것입니다. 또한 청정 에너지인 수소와 태양 에너지를 전기나 빛으로 가공하는 기술도 곧 실용화된다고 합니다. 지금의 생태계와 자연계 수준이라도 유지하고, 손상된 지구 자원을 회복시키기 위해서라도 환경과 에너지 관련 기술은 시급하게 개발되어야 합니다.

또한 환경 문제의 경우 개별 국가에 머무는 문제가 아니라 인접 국가에도 영향이 미칩니다. 때문에 환경 기준의 설정을 통한 새로운 무역 규제 등이 등장하고 있습니다. 최근의 전세계적 무역 협상에서도 환경 문제가 심도 있게 논의되고 있고, 지구적 차원에서 환경 문제 해결 방안을 모색해야 될 것으로 예상됩니다. 따라서 앞으로 환경 기술은 급격하게 발전될 전망입니다.

ST, 우주 항공 기술

Space Technology의 약자인 ST는 위성체, 발사체, 항공기 등의 개발과 관련된 복합 기술입니다. 전자, 반도체, 컴퓨터, 소재 등 관련 첨단 기술을 요소로 하는 시스템 기술로 기술 개발 결과가 타 분야에 미치는 파급 효과가 매우 큰 종합 기술입니다. IT, NT 등 각 산업 분야의 첨단 기술을 주도해 나갈 미래 유망 핵심 기술 분야인 것이지요. ST는 국내의 관련된 기술 분야의 수준을 높이는 데 기여할 수 있는 반면 선진국의 기술 장벽이 높아 산업화와 관련된 신기술 개발을 육성할 필요성이 큽니다.

우리 나라는 현재 통신용 위성 3개와 과학 실험 위성 3개, 지구 관측 위성 1개를 쏘아 올린 상태입니다. 현재 지구 둘레에는 2000여 개가 넘는 인공 위성이 돌고 있습니다. 이를 토대로 각국은 치열하게 우주 관측과 개발 계획을 추진하고 있습니다. 우주의 고효율 에너지를 지구에 보내는 방법이라든가 사람이 살 수 있는 우주 도시를 개발하는 등의 계획이 30년 내에 실현될 것이라는 것이 과학자들의 생각입니다.

▲ **인간 복제 금지 시위** '인간 복제 금지를 위한 규제 장치 마련 촉구 집회'에서 '생명 안전·윤리 연대' 모임 소속 회원들이 인간 복제 연구 중단을 촉구하는 구호를 외치고 있습니다.

첨단 기술의 양면

기술의 발전은 대체로 사람의 편리함과 복지로 이어졌습니다. 몸이 불편한 장애인들과 병으로 고통받는 사람들에게 큰 도움이 된 기술도 있습니다. 교통 기관의 발달만 보아도 그렇습니다. 바퀴에서 자전거, 자전거에서 자동차, 기차, 비행기, 이제는 자기 부상 열차까지……. 이런 교통 체계가 없다면 우리의 생활권은 그저 걷거나 뛰거나, 고작해야 말을 타고 움직일 수 있는 거리 정도로 좁아질 것입니다. 기술이 가져다 준 편리함은 손에 꼽을 수 없이 많습니다.

첨단 기술의 발달에 따른 환경 오염과 윤리적 문제

이런 기술력으로 사람이 지구 공간을 장악하는 동안, 다른 동식물이라든가 자연 생태계에 미칠 영향을 심각하게 고민하지 않았던 것이 사실입니다. 전기나 열에너지를 얻기 위해 사람이 공짜로 가져다 쓴 에너지 자원들은 고갈될 수준에 이르렀고, 땅 속, 바다, 심지어 북극해, 남극해에 이르기까지 오염 물질이 깊이 스며들어 있습니다.

환경 오염과 생태계 파괴 문제도 심각하지만, 우리는 첨단 기술 자체가 안고 있는 윤리적인 문제점들에 대해서 아직 뚜렷한 답을 구하지 못한 상태입니다.

인간이 다른 동식물의 유전자는 물론 심지어 인간 자신의 유전자까지 조작하여 본래의 성질을 바꾸어 이용한다는 생각은, 인간과 우주, 신에 관한 지금까지의 세계관을 뒤집을 만큼 큰 논란을 일으켰습니다.

▲ **인간 복제 촉구 시위** 인간 복제 기술에 대한 논란이 가열되고 있는 가운데 '한국 레알리안 무브먼트(Realian Movement)' 회원들이 인간 복제 기술 개발은 인류의 미래를 위해 적극 장려되어야 한다며 환영 집회를 하고 있습니다.

그 밖의 문제점과 앞으로 나아갈 길

첨단 기술의 발달로 생활 곳곳에 침투한 통신망과 감시 체계가 개개인의 프라이버시를 침해하기도 합니다. 또한 국가의 국민 통제를 강화하는 데 이용될 위험도 있습니다. 과학의 힘은 편리한 만큼 위험하고, 우리에게 독으로 돌아올 수도 있음을 꼭 알아야 하겠습니다.

우리 사회도 이러한 문제점을 앞에 두고 함께 고민하고, 합의하여 만약에 발생할지도 모르는 문제점을 줄일 수 있도록 노력해야겠습니다.

▲ **개인 정보 보호 기본법 쟁점 토론** 급속도로 정보 기술이 발달하면서 개인 정보 유출이 심각해지고 있습니다. 이러한 문제점을 해결하는 방안을 모색하기 위해 '프라이버시법 제정을 위한 연석 회의' 주최로 서울 인권위 배움터에서 열린 개인 정보 보호 기본법 쟁점 토론회에서 참석자들이 토론을 벌이고 있습니다.